D-79104 Freiburg i. Br., Hebelstr. 11
Reproduktionen: Wehrle Repro, Freiburg i.Br.
Druck und Einband: J. P. Himmer, Augsburg
ISBN 3-89102-457-6

Die Gestaltung dieses Buches erfolgte
durch den Autor Matto H. Barfuss
Informationen:
Galerie Barfuss
D-77688 Rheinau-Freistett, Achertalstr. 13
Tel. 0844-911456 Fax 07844-911457
Internet: http://www.matto-barfuss.de

► *„Dione entdeckt den Gepardenmann"*
Farbzeichnung
A: 30 x 42 cm

Matto H. Barfuss

Gepardenträume

Von Träumen und Traumfängern…

„Kunst ist der Atem der Gesellschaft. Träume sind Visionen, die sie ernähren.“ (Matto Barfuss)

Im Sommer 1996 klingelte das Telefon. Ein Anruf, der unser ganzes Leben verändern sollte. Die Verbindung nach Afrika war denkbar schlecht, wie gewohnt. Nichtsdestotrotz war ich nach Wochen ohne Nachricht von meinem Mann, der irgendwo in der afrikanischen Steppe dem Zug der Gnus und Zebras folgen wollte, natürlich voller Spannung. „Stell dir vor, ich habe mich in eine Gepardin verliebt, mit fünf Jungen, mit denen lebe ich zusammen, ich komme kurz zurück, aber ich muss gleich wieder hin!“ Er war ganz aus dem Häuschen! Ein Spaß... – oder? Dazu klang es aber viel zu echt. Es war echt! Die folgenden Wochen und Monate drehte sich jede Sekunde nur um das Schicksal der Gepardenfamilie, die ich aus Erzählungen, aus Tausenden Dias und aus bewegenden Skizzen kennenlernen konnte. Matto stürzte sich in seine neue „Liebesbeziehung“ mit einem Enthusiasmus, der zwar ansteckend wirkte, doch auch – ich gebe es zu – ein wenig eifersüchtig machte. „Wenn er sich zur Abwechslung mal wieder so intensiv mir widmen würde...“ Aber ich kannte das ja schon und wusste, dass ich mich damit abfinden musste. Er hat seit jeher einen Hang, Träume aufzugreifen und intensiv zu durchleben, dies zuweilen so heftig, dass es mir Angst macht. Fast nie gibt er auf. Das Gute daran ist, dass er einen nicht minder starken Drang zur Perfektion besitzt. Darum nehmen nur die umsetzbaren seiner auf den ersten Blick „verrückt“ anmutenden Projekte sehr reale Formen an. So wie bei den Geparden.

Er spann große Ideen. Es war faszinierend mitzuerleben, wie diese vielbegabte Persönlichkeit tatsächlich einen unmöglich scheinenden Traum Schritt für Schritt verwirklichte. Das bedeutete vor allen Dingen auch harte Arbeit: zunächst Staub und Hitze, Ausdauer und Geduld, Liebe und Toleranz. Heute sind die geheimnisvollen Wochen mit der Gepardenfamilie in der Wildnis, die langen Stunden stillen Einverständnisses zweier so unterschiedlicher Lebewesen – vor allem mit der erfahrenen Gepardenmutter verband ihn eine enge Beziehung – ein Refugium. Aus dieser Zeit sprudelt die Kraftquelle für die Umsetzung des großen Lebenstraumes, der aus dem erlebten Traum geboren ist: die Rettung der wilden Geparden und ihrer Freiheit.

Wie geht er – gehen wir das an?
Es ist nicht eine wissenschaftliche Frage, ob der Gepard überleben kann oder darf. Es ist vor allem eine menschliche Frage, eine Frage des Wollens, der Überzeugung und des Engagements für eine Sache. Die Faszination für die Geparden mobilisiert die Energien, die wir brauchen werden.

Darum arbeitet er nicht minder intensiv und (leider auch) asketisch im Atelier – was mitunter auch zwischenmenschlich beziehungstechnische Turbulenzen zur Folge haben kann. Denn hier lebt er seine Emotionen, die nicht in Worte fassbar sind. Hier sucht er das zunächst Unverständliche greifbar zu machen, mitreißend, motivierend und aktivierend, dem späteren Betrachter die Selbstverantwortung für die eigenen ganz persönlichen Träume übergebend. Hier vereinigt er alle Fähigkeiten zu seiner Identität als „Traumfänger“.

Er schafft Bilder und visualisiert Träume. Er erfüllt einen Auftrag, den ihm die Geparden in Träumen mitteilen. Durch Malerei, Aktionskunst, zuweilen auch in Texten. Wann immer erforderlich, bringt er sich eben auch physisch in seine künstlerische Ausdrucksform ein. Familienangehöriger einer wilden Gepardenfamilie zu sein, war und ist für ihn ein Teil seiner Kunst, der gelebten Kunst! Deren Ausdrucksformen und er selbst in seiner Person ergeben das Gesamtkunstwerk.

Die Malerei ist dabei das eigentlich berauschende Element seiner Arbeit – mit berauschender Wirkung:
Er selbst spricht vom "Malrausch", der ihn packt. Den manischen Hochphasen folgen naturgemäß auch tiefe Täler, die es zu durchwandern gilt.

Glücklicherweise habe ich gelernt, die emotionale Hochspannung bei der Entstehung seiner Kunstwerke von unserem persönlichen Leben zu trennen. Denn hinter der Tür des Ateliers beginnt seine Welt mit eigener Dynamik und eigenem Rhythmus. Können wir Außenstehende je den substanziellen Kampf der Entstehung eines solchen Werkes nachvollziehen? Wie guter schwerer Wein präsentiert sich das gereifte Werk in der Pracht seiner Vollendung. Alle Schichten mehren sich zum harmonischen Ganzen – unbekümmert von den beglückenden wie qualvollen Stunden, die der Künstler an sie verwendete.

Was uns jedenfalls bleibt, ist die Bewunderung seiner Essenzen. Willkommen in der Welt der Gepardenträume!

Monika Schenk
Galeristin und Ehefrau

Und wieder Serengeti...

Der Februar und März hält nicht, was er verspricht. Eigentlich sollte längst die kleine Trockenzeit in einer regengrünen Serengeti in Tansania beginnen, in einer Serengeti, die überquillt an Leben. Herden von Gnus und Zebras sollten behende in den Süden ziehen, um ihre Babys in der größten Entbindungsstation der Erde zur Welt zu bringen. Schmerzen, die die Ungeduld des werdenden Lebens in die Leiber der Mütter bannt, treiben die schwerfälligen Grasfresser voran. Doch sie riechen nicht den Duft des frischen Wassers. Die Natur hat sie betrogen.

▲
Zärtlichkeiten zwischen Tochter und Mutter

◄ *‚Clyde' begutachtet den Gepardenmann*

<u>linke Seite</u>
Erinnerungen: ‚Dione' als Kind mit ihren Geschwistern

Der Regen ist ausgeblieben. Wie können sie einem Gebiet neues Leben schenken, das doch nur lebensfeindliche Trockenheit zu bieten hat.
Die Steppen der Serengeti gehören den Geparden und Gazellen. Sind sie es doch, die mit dem Tau, der sich nachts im Gras oder Fell sammelt, auskommen. Dagegen fristen dort nur wenige Löwen ihr Dasein und warten ungeduldig auf die großen Wanderzüge aus dem Norden. Allerdings entbinden die Gnus und Zebras in unerreichbarer Ferne. Mit dem leicht zu jagenden Festtagsbraten wird es dieses Jahr nichts. Einzig ein paar Dutzend der wilden gestreiften Pferde und ihre gemeinhin hässlichen Begleiter, die Gnus, erreichen die Grassteppe, um sogleich sichtlich deprimiert den Rückzug anzutreten.

◄ *„Ein Hauch Freiheit“*
Ölgemälde auf Leinwand
A: 140 x 100 cm

▲ *„Die Streithähne“*
Graphitzeichnung
A: 42 x 30 cm

„Ringelreihen“
Graphitzeichnung
A: 42 x 30 cm

„Das Schlagen mit der Tatze“
Graphitzeichnung
A: 42 x 30 cm

Abschied von den Geparden

Ich habe wieder einmal einige Zeit mit der Gepardin ‚Dione‘ und ihren beiden Jungen, die ich ‚Bonnie‘ und ‚Clyde‘ nenne, verbracht. ‚Dione‘ hatte ich bereits als drei Monate altes Gepardenkind kennengelernt. Insgesamt siebzehn Wochen streifte ich mit ihrer erfahrenen Mutter ‚Diana‘ und ihren Brüdern ‚Attila‘, ‚Titan‘ und ‚Hans‘ durch die Serengetisteppe, ehe ich sie verlassen musste. Mir war es einfach nicht mehr möglich, ihnen als vierbeiniger Gepardenmensch zu folgen. Freilich sollte es damals ein Abschied für immer sein und ich hatte auch kaum

Hoffnung, die in einem Gebiet von über 30 000 qkm umherstreunenden Einzelgänger jemals wiederzusehen. Der Gepard, den ich in mir selbst entdeckte, und die Träume, die mich stets verfolgten, wollten es schließlich anders. Schon bald war es nicht mehr genug, Szenen träumerischer Begegnungen mit den Katzen auf Zeichenpapier festzuhalten oder in aufwendigen Kompositionen ohne Anfang und Ende in Ölgemälden zu verewigen.

„Pirsch auf den Gepardenmann"
Graphitzeichnung
A: 42 x 30 cm

„Alles Gute kommt von oben"
Graphitzeichnung
A: 30 x 42 cm

◄ „Attacke“
Graphitzeichnung
A: 30 x 42 cm

► „Der kleine Kronprinz“
Graphitzeichnung
A: 30 x 42 cm

▲ „Wunderschönen guten Morgen“
Graphitzeichnung
A: 30 x 42 cm

‚Dione‘ ist eine noch junge und dementsprechend unsichere Mutter. Häufig liege ich des Nachmittags im Gras und beobachte die Gepardin. Die unerträgliche Hitze verhindert jeglichen klaren Gedanken. Szenen aus der Vergangenheit mischen sich willkürlich mit der Realität. Mal scheint da die stolze Gepardenmutter zu sitzen, mal sucht die kleine ‚Dione‘ von damals Kontakt zum Gepardenmensch, während ihr Bruder ‚Hans‘ verstohlen über ihren Rücken lugt und viel lieber Jagen spielen würde. Die Eindrücke fliegen gleich Staubfahnen im Steppenwind an meinem inneren Auge vorbei. Manchmal gelingt es mir, einige Bilder auf Skizzenpapier einzufangen. Solange sich die Gepardenkinder im Schatten des Grases vor der größten Hitze des Tages schützen, bleibt mir Zeit. Danach muss ich den kleinen Block unter das Hemd – das mein ‚Fell‘ ist – stecken, denn das Papier hat keine Chancen gegen die krallenbewehrten Tatzen der jungen Raubkatzen.

„Atem des Windes"
Ölgemälde auf Leinwand
A: 90 x 140 cm

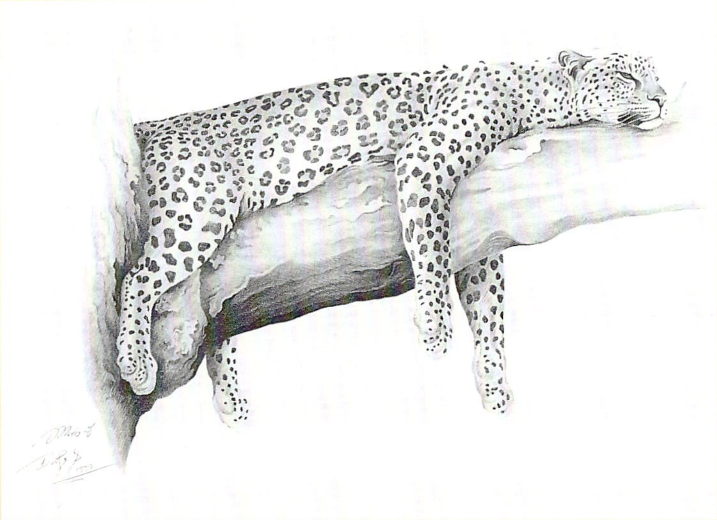

„Ruhender Leopard“
Graphitzeichnung
A: 42 x 30 cm

„Müdes Löwenkind“
Graphitzeichnung
A: 42 x 30 cm

Ohnehin habe ich fortan keine Zeit zu zeichnen, sondern muss stattdessen der Mutter bei der Suche nach Beutetieren helfen. Dabei vergesse ich, dass ich Mensch bin, spätestens dann, wenn ich den eifrigen Gepardenkindern durch mein Verhalten vermitteln muss, sie sollen jetzt ruhig im Gras sitzen und artig den Jagdversuch der Gepardin beobachten.
Ich gleite ins Auto. Tobias, mein langjähriger Begleiter in Tansania, wirft den Motor an. Schwerfällig rollt die Blechkarosse an. Sehnsüchtige Gepardenblicke verfolgen mich, aber der Abschied nach Wochen ist längst überfällig.
Mein Herz steht vor einer Zerreißprobe. Ich habe Angst um die Geparden und um die Serengeti. Hoffentlich kommt bald der Regen. Der Nationalpark lechzt danach.

Die Luft am Kilimanjaro Flughafen in Tansania ist erfüllt von schwerem Geruch nach Kerosin. Auf dem Flugfeld steht ein Monster – genannt Flugzeug –, das wie aus dem ‚Nirgendwo‘ kam. Die schlichte Wartehalle ist binnen weniger Momente leer. Die Menschen hasten davon. Mir kann das kaum passieren. Ich bin schwer bepackt. Mühsam schleppe ich zwei Fotokoffer und einen Rucksack voller Filme die Gangway hoch. Als ich oben das Flugzeug betrete, habe ich Afrika verlassen. Die Zwischenlandung in Dar-es-Salaam ist reine Formsache. „Anschnallen!“ erinnert die Chefstewardess ein letztes Mal, bevor das fliegende Monster zu später Stunde endlich abhebt. Die Nacht

wird ganz und gar nicht afrikanisch. Die Sitze sind zu eng. An Schlafen ist kaum zu denken.
Neben mir sitzt ein aufgeweckter Herr aus Schottland. Er ärgert sich ganz schrecklich darüber, dass er einen Nichtraucherplatz zugewiesen bekam. Dabei würde er doch viel lieber einige der duftenden Glimmstengel abbrennen.
Schließlich sucht er nach einer Ersatzhandlung. Er unterhält sich mit mir, erzählt vom schottischen Hochland, von Whisky und seiner Arbeit im viel zu heißen Tansania.
Ich nicke ihm wenig begeistert zu, bewundere seine gelben Zähne und schrecke bisweilen zurück, wenn ein Schwall Mundgeruch mich zu betäuben droht.
Es bleibt nicht aus, dass ich meinem Sitznachbarn von meiner Liebe zu einer wilden Gepardenfamilie erzähle, von meinem Leben auf allen Vieren als Gepardenmensch, von einem Leben frei und einfach wie das eines Geparden in den unendlichen Grassteppen der Serengeti.
„Incredible – unglaublich – fantastisch!" ruft mir der Schotte zu. Für einige Stunden vergisst er sogar zu rauchen. Am Ende zieht er sich rücksichtsvoll und erschöpft in den hinteren Teil des Flugzeuges zurück.
Gewonnen – ich nehme den frei gewordenen Sitz neben mir in Beschlag und schlafe ein.

„Traumbild"
Ölgemälde auf Leinwand
A: 80 x 130 cm

Der Gepard ‚Hans‘

Meine Träume schweifen weit zurück in die Vergangenheit, als alles begann. ‚Hans‘, der Bruder Diones, trippelt vorsichtiger näher. Er gurrt. Ich liege auf dem Boden und wage mich nicht zu bewegen, weil mich die Gepardenmutter durchdringend anstarrt. Er steht greifbar vor mir und schaut zu mir herab. Die Augen des Kleinen hypnotisieren mich fast.

„Brrr-brr."

„Brrr-brr", imitiere ich die neugierige Katze. Es ist ein erster zögerlicher Versuch, „gepardisch" zu sprechen. Hans wundert sich. Just einen kurzen Augenblick später rümpft er die Nase. Ich spüre, wie er eine ordentliche Portion Luft aufsaugt. Die Nasenflügel ziehen sich zusammen. Es zischt, als er kräftig ausatmet. Wohl weil er mit seinen Untersuchungen nicht wesentlich vorankam, faucht er verlegen und tritt einen Schritt zurück. Die unerwartete Nähe zu einer wilden Raubkatze beschwingt mich. In Gedanken versuche ich, mit einem großen Pinsel seine Gesichtszüge aufzumalen. Zwischen uns scheint eine Glasplatte zu sein. Die hellen Ocker- und Brauntöne haften nur transparent darauf. Stets starren mich Augen voller Erwartung an...

▶ *„Rote Momente 3"*
Ölgemälde auf Leinwand
A: 70 x 110 cm

„Rote Momente 7"
Ölgemälde auf Leinwand
A: 120 x 110 cm

Guten Morgen, Europa

„Guten Morgen", weckt mich die Stewardess in feinstem Flämisch.
„Habari ya asubui" (Guten Morgen), antworte ich auf Suaheli, da ich doch eben noch in Afrika war. Ich ernte fragende Blicke.
Nach dem Frühstück wird alles ganz hektisch. Wir landen in Amsterdam. Gleich einem Gepard jage ich durch das riesige Flughafengebäude. Auf dem Weiterflug nach Nürnberg blättere ich im Geiste meinen Skizzenblock durch. Der Traum mit ‚Hans' läßt mich nicht los. Skizze um Skizze zitiere ich vor meinem inneren Auge und vergleiche sie mit dem Gesicht des neugierigen Geparden. So komme ich nicht voran.
Ich kann mich zu wenig konzentrieren und komme zu der Einsicht, dass es besser ist, erst mal grundsätzlich mein Leben in Deutschland zu organisieren. So überlege ich, wo ich meine zahlreichen Filme zur Entwicklung hinbringe, oder ob wichtige Termine anstehen. Als der Pilot die Landung ankündigt, vergleiche ich bereits verschiedene Formate von Leinwänden. Endgültig kann ich mich noch nicht entscheiden.
Die Reiseatmosphäre gönnt mir nicht die nötige Ruhe. Zielstrebig marschiere ich durch die Zollkontrolle. Die Zollbeamten vermögen mich nicht aufzuhalten und zu fragen, was ich in seltsamen grauen Kanistern und verkratzten Aluminiumkoffern transportiere:
Auf geht's, in mein anderes Afrika jenseits der Stille und der Hitze, jenseits der Gerüche nach Vulkanstaub und Gnu- oder Zebraherden.

► *„Löwenhochzeit"*
Ölgemälde auf Leinwand
A: 140 x 130 cm

▼ *„Papa Matata"*
Graphitzeichnung
A: 42 x 30 cm

„Dione“
Ölgemälde auf Leinwand
A: 90 x 140 cm

„Traumfänger"
Ölgemälde auf Leinwand
A: 90 x 120 cm

„Geschwisterjagd“
Graphitzeichnung
A: 42 x 30 cm

Mein deutsches „Afrika“

Am Abend sitze ich vor meinem Zeichentisch unter dem Dach. Das große Dachfenster sollte mir den Blick auf den Sternenhimmel gönnen. Stattdessen regnet es. Zuweilen hämmern die Regentropfen auf die Fensterflächen. Unweigerlich muss ich an die Serengeti denken. Ich würde mir wünschen, dass es jetzt auch dort regnet. Mein Gepäck habe ich achtlos in die Ecke gestellt. Nur einige Skizzen habe ich vor mir verteilt. Jedes Blatt, das ich zur Hand nehme, erzählt mir eine Geschichte. Ich rieche die Steppe. Ab und an nehme ich einen Rötelstift zur Hand und versuche weiterzuzeichnen, frische mit wenigen Strichen Erinnerungen auf. Mal unsicher, dann festentschlossen gleitet der Stift über das Papier. Ein fertiges Kunstwerk wird dadurch nie entstehen. Immerhin. So entsteht nicht das Gefühl der Leere. Sondern es beginnt ein stetiger Dialog mit Dione, mit Bonnie und mit Clyde oder mit all den anderen Geparden, die zu „meiner“ Familie gehören und sich immer wieder in die Welt meiner Kunst drängen. Das Plätschern des Rotweins, den

„Spurttraining“
Graphitzeichnung
A: 42 x 30 cm

mich an eine aufwendige Studie über Igel. Tagelang hatte ich daran gearbeitet. Und als das Werk endlich fertig war, goss ich versehentlich das Tintenfass darüber. In meiner Verzweiflung habe ich die Tinte verrieben und schwungvoll in etwa „Künstlerpech“ draufgeschrieben. Das Kunstwerk – eben mitten aus dem nicht unfehlbaren Leben – hat inzwischen einen begeisterten Liebhaber gefunden.

ich mir nebenbei eingieße, unterbricht die Stille.
„Mist!“ Eine Skizze hat doch einen Fleck abbekommen. Der anfängliche Ärger ist schnell verflogen. Belustigt stelle ich fest, der Rotwein entwickelt auf dem Stück Papier die gleiche Farbe wie der Zeichenstift: Arbeitsspuren mit dem gewissen Etwas. Ich erinnere

▲ *„Frühstück“*
Graphitzeichnung
A: 30 x 42 cm

▼ *„Fix und fertig“*
Graphitzeichnung
A: 30 x 42 cm

◄ *„Jagdspiel“*
Graphitzeichnung
A: 42 x 30 cm

Schau mir in die Augen, Kleiner

Tag um Tag, Stunde um Stunde, ja sogar Minute um Minute habe ich die Verantwortung vor mir hergeschoben, mich auf das Format eines Ölgemäldes festzulegen. Immer wieder stand ich bewaffnet mit Hammer, Schere, Tacker, Leinwand und nicht zuletzt einer ganzen Sammlung von verschiedenen Keilrahmenleisten da. Genauso oft fand ich einen Grund, etwas anderes, viel Wichtigeres zu tun.
Da klingelt das Telefon, und ich erzähle von der Serengeti, von meinen Geparden, sehe Bilder vor meinem inneren Auge, die vorbeiziehen. Ich kritzle nebenbei allerlei Ideen auf Papierfetzen, welche ich später sowieso nicht mehr finde. Schließlich habe ich es eilig, das Gespräch zu beenden. Ich muss zeichnen, weil ich das Gefühl habe, endlich einen klaren Gedanken gefaßt zu haben, der eine aufwendige Zeichnung lohnt. Zwischenzeitlich sind auch gut 200 Fotofilme auf meinem Schreibtisch gelandet. Ich sichte Bilder, unentwegt, bis in die späte Nacht und bis ich sie nur noch verschwommen

„Gepardenkind – ganz entspannt"
Graphitzeichnung
A: 42 x 30 cm

wahrnehme. Kein noch so starker Kaffee kann mir noch helfen. Selbst wenn ich eiskaltes Wasser über die Augen laufen lasse, vermag ich nicht mehr scharf zu sehen.
„Okay, ich gebe auf," zische ich giftig, schaue schwer seufzend zu meinem Schreibtisch, riskiere einen flüchtigen Blick zum Zeichentisch, wo eine halbfertige Zeichnung mich fragend anstarrt, und torkle doch einsichtig ins Bett. Meine Frau ist erfahren genug, um mich gewähren zu lassen. Die Nacht wird chaotisch. Ich bin so fertig, dass ich nur etappenweise schlafen kann. Schon fürchte ich, überhaupt nichts zu träumen, da erscheint mir nicht Dione, nicht Bonnie und nicht Clyde im Traum. Nein, es ist wieder ‚Hans'.
"Schau mir in die Augen, Kleiner", flüstert mir der vorwitzige Gepard zu. Das Braun der Steppe und die blaugrüne Atmosphäre der staubigen Luft vermischen sich zu einem diffusen Bild. Ich bin einfach nicht mehr aufnahmefähig. Wie soll ich das alles festhalten? Irgendwie bin ich dann doch noch unter der Bettdecke hervorgekrabbelt, habe das eine oder andere aufgekritzelt. Meine Frau muss mich für verrückt halten. Am nächsten Morgen finde ich dann immerhin zwischen Papierfetzen einen Zettel. Darauf steht kaum leserlich geschrieben: 110 x 100 cm. Gott sei Dank, das Format des Bildes steht fest.

Lampenfieber

Noch am gleichen Abend sitze ich vor einer aufgespannten Leinwand. Unablässig bin ich damit beschäftigt, Eindrücke zu sortieren. Elemente von Träumen, die sich zuweilen kaum von der gelebten Realität unterscheiden, pflücke ich mir aus dem Gedächtnis. Leider sind es häufig nur Fragmente, aber sie helfen mir weiter. Bisweilen gönne ich mir viel Zeit, diese Fragmente weiterzuträumen. Dann bewegen sich die Geparden auf mich zu. Immer wieder halte ich Momente fest und übertrage sie in Gedanken auf die gespannte Leinwand.

„Lust auf Jagen"
Graphitzeichnung
A: 30 x 42 cm

„Buschfeuer“
A: 60 x 80 cm
Ölgemälde auf Leinwand

Schließlich beginne ich, mich sogar mit Farben anzufreunden. Mit längst vertrockneten Pinseln schmiere ich Farben über- und nebeneinander. Je näher ich dem Zustand der Zufriedenheit komme, desto häufiger greife ich in die Tüte Gummibärchen. Erst einzeln nach Farben sortiert, dann wahllos in kleinen Häufchen, verfrachte ich die Gummis in den Mund. Bevor die Tüte nicht leer ist, finde ich keinen Frieden.
Meine Frau schleicht durch die Galerie und fragt vorsichtig, ob sie irgendetwas Gutes für mich tun kann.
„Laß mich in Frieden“, raunze ich und Augenblicke später ist die Luft wieder rein.
Die nächsten Stunden werden sportlich. Von wegen Künstler haben keine Kondition. Zwei Stockwerke hoch ins Dachgeschoß. Schubladen, Kartonagen und Schränke werden durchstöbert. Ich finde allerhand. Ob es mich weiterbringt, weiß ich nicht. Gleichmäßig verteile ich Skizzen und Zeichnungen um meine Staffelei. Wie von einer Tarantel gestochen springe ich ein, zwei Meter zurück, male mit dem Pinsel Linien in die Luft. Lediglich einige wenige finden sich später auf der Leinwand.

Die auf dem Boden umherliegenden Zeichnungen werden mehr und mehr aussortiert. Am Ende bleibt gerade eine Handvoll übrig. Der Nebel um meine Seele lichtet sich. Das Bild vor meinen inneren Augen wird klarer. Ich fühle die feste Überzeugung, mich in den nächsten Wochen mit kaum einer halben Stunde meines Lebens zu beschäftigen. Immerhin war es die halbe Stunde, in der neugierige Gepardenkinder den ersten Kontakt zu mir wagten und ich mich entschloss, Gepard zu werden. Das hat mein Leben gründlich durcheinandergebracht, und nur meine Malereien können die Tiefe dieser Veränderung vermitteln: „Film ab!“

„Hoffnung“
Ölgemälde auf Leinwand
A: 70 x 100 cm

„Sehen“

„Hören“

Graphitzeichnungen im Format 42 x 30 cm

„Lauern“

„Schlafen“

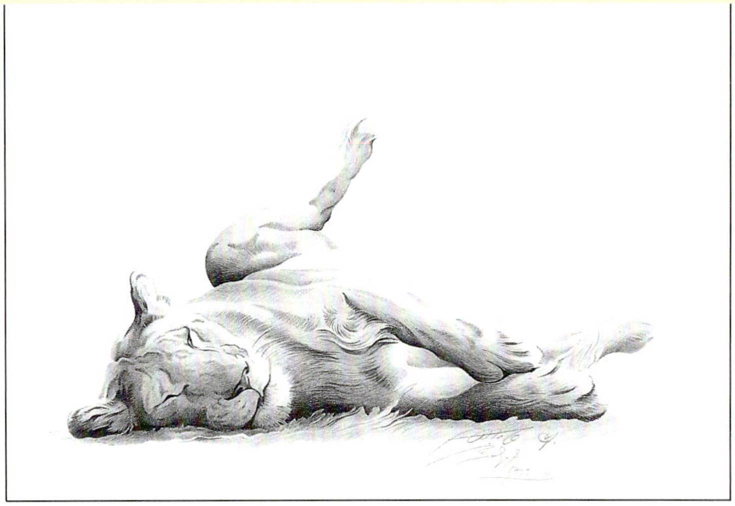

„Simba“
Ölgemälde auf Leinwand
A: 110 x 80 cm

„Sprunglust"
Graphitzeichnung
A: 42 x 30 cm

„Der Stratege"
Graphitzeichnung
A: 42 x 30 cm

Film ab – Ich male

Mit einigen wenigen Strichen platziere ich genau den ‚Hans', der mich in den vergangenen Nächten so überproportional groß anschaute, der mir die Zeit im Flugzeug zwischen Afrika und Europa versüßte. Es ist bereits tiefste Nacht, als ich endlich die erste Farbe auftrage. Zarte Braunnuancen skizzieren die Augen des kleinen Geparden. Sie werden mich fortan stets beobachten. Durch sie werde ich hindurchklettern, um mich auf dem Boden der Serengetisteppe wiederzufinden. Sie werden mir helfen zu spüren, wie mich fünf Gepardenkinder vorsichtig untersuchen, wie sie aus mir einen Geparden machen, wie sie eine unglaubliche geistige Verbindung zu ihrer Mutter Diana bauen. Und sie werden meine ganze Sorgfalt und Fürsorge erobern.
Als ich am Morgen, kurz vor 3 Uhr, die Galerie verlasse, muss ich am Bild „Göttin der Jagd" vorübergehen. Für einen kurzen Moment schaut mich ‚Diana' – eben die Göttin der Jagd – durchdringend an. Ihre Augen folgen mir. Zunächst kann ich kaum schlafen. Gut eine Stunde sitze ich noch in der Küche. Vielleicht zum hundertsten Mal erzähle ich meiner Frau die Geschichte, als ich allein in der Steppe lag und die Gepardenkinder näher kamen. Meine Schilderung dauert länger als die eigentliche Szene. Ich bemühe mich, Gefühle in Farben zu fassen und in den Augen der gefleckten Katzen zu lesen. Letztendlich fühle ich mich berauscht. Und ich weiß nicht, ob der Wein oder mein verbaler Ausflug in die Serengeti schuld daran ist. Die Nacht wird jedenfalls eher schlaflos. Das neue Kunstwerk wird mir viel Substanz abverlangen.

„Lichtblick“
Ölgemälde auf Leinwand
A: 80 x 60 cm

Konzentrationsschwierigkeiten

Es fällt mir schwer, mich zu konzentrieren. Wahrscheinlich bin ich übermüdet. In immer größeren Abständen nehme ich Farbe von der Palette auf. Auch die vielen Gepardenkinder, die mich unentwegt mehr oder weniger neugierig von der Leinwand herab anschauen, können mich kaum noch motivieren. Eigentlich kann ich ganz zufrieden sein. Die erste Schicht Ölfarbe ist aufgetragen. Eine Woche ist seitdem vergangen. Die Farbe ist gut getrocknet.
Weiche Konturenlinien fließen ineinander. Noch bis vor wenigen Augenblicken war ich mir sehr sicher, wie ich dem Bild Stück für Stück die Tiefe der Steppenlandschaft gebe. Dann sehe ich zwischen den überaus neugierigen Gepardenkindern die Mutter Diana, wie sie in sicherer Entfernung sitzt und nur beobachtet, ihr ganzes, anfängliches Misstrauen. Auch wenn mir die Gepardin mittlerweile doch so vertraut, ja ans Herz gewachsen ist, wage ich mich kaum noch zu bewegen. Vorsichtig lege ich die Pinsel zur Seite. Ich trete einige Meter zurück, ohne den Blick vom Bild zu wenden. Schließlich verliere ich mich in dem Kunstwerk. Ich spüre den Steppenboden. Um mich herum schleichen und springen Gepardenkinder. Titan und Hans fallen übereinander her. Titan liegt unten, Hans scheint der stolze Sieger der Kampfeinlage. Doch er ist unvorsichtig. Er schaut mich – den seltsamen Gepardenmann – an. Eine heftige Bewegung und Titan hat sich befreit. Er spurtet durch das hohe Gras. Hans will seine Ehre retten und eilt hinterher. Ich schaue unauffällig zur Gepardenmutter und bemerke keine Reaktion.
„Wird wohl höchste Zeit, mich mehr in die Familie einzubringen. Nur so kann ich das Herz der stolzen Gepardenfrau erobern“, denke ich mir. So krabble ich hinterher und habe binnen kürzester Zeit die balgenden Gepardenbrüder eingeholt.
Ich spüre einen heftigen Schlag. Erschrocken reiße ich den Kopf herum. Ein Gepardenkind hat meinen Schuh heftig umklammert. Es gibt kein Entkommen. Am oberen Schuhrand kaut der gefleckte Racker genüsslich. Ich schaue wieder nach vorne. Vor mir steht ein unfertiges Ölgemälde.
„Verdammt!“ Ich war regelrecht weggetreten. Für einige Zeit war ich in der Serengeti. Vielleicht sollte ich mir einen starken Kaffee gönnen. Ich streife durch die Galerie, durch zwei unförmige Wanddurchbrüche. Linker Hand spielen zwei Gepardenkinder. Ihre Tatzen fliegen durch die Luft und verlieren sich in schwungvollen Pinselstrichen. Der Leopard ‚Askari‘ schaut mich von einem Gemälde streng an: „Reiß dich zusammen, Mann!“

Tanz mit dem Kunstwerk

Hinter mir liegen eine ganze Reihe frustrierender Tage. Es ist schon ein kaum zu erklärender Kraftakt, wenn man sich Malschicht um Malschicht in Details eines Bildes verstrickt. Ein Ölgemälde ist ein Puzzlespiel. Dumm nur, dass ich nie so genau weiß, wieviele Teile dieses Puzzle letztendlich hat. Manchmal wird mir das ganze „Harakiri“ mit vielen kleinen Pinseln und nuancengenau abgemischten Farben einfach zu viel. Meine Psyche hält es nicht mehr aus. Ich tanze vor dem Kunstwerk und male mit gewagten Pinselstrichen Gepardengesichter in die Luft. Da überlagern sich Gesichter von entsetzt bis nachdenklich dreinschauenden Raubkatzen. Wenn meine Arme dann müde sind und mir nichts mehr einfällt, füge ich mich meinem Schicksal. Mag sein, dass mir das Radio die filigranen Pinselstriche versüßen kann. Ich schalte die Kiste an und suche einen

„Askari“
Ölgemälde auf Leinwand
A: 90 x 130 cm

erträglichen Sender. „What I love is only Rock'n Roll, and I like it", singen die Rolling Stones.
„Oh yeah", denk ich mir. Später berichtet der Radiomoderator, dass ein Mensch bereits über 60 Tage auf einem Pfahl ausharrt, nur um ins Guinness Buch der Rekorde zu kommen.
„Armes S...", denk ich mir, und ich bin so unendlich stolz, ein Traumfänger zu sein. Früh um zwei Uhr kapituliere ich dann vor den weiteren Anforderungen des Gemäldes. Ich betrachte das halb fertige Werk aus sicherer Entfernung. Zunächst vermag ich kaum festzustellen, was sich in den letzten zehn Stunden verändert hat. Gerade als ich das Licht ausschalten will, fällt mir auf, dass man schon regelrecht in das Werk hineingehen kann. Ich bin glücklich. Meine Gepardenfamilie scheint auch mit mir zufrieden zu sein. Nachdem ich zu Bett gegangen bin, liege ich noch lange wach. Ich denke so angestrengt über das Leben mit den Geparden nach, dass ich nahezu übergangslos in die riesige Traumwelt Serengeti entgleite. Angestrengt robbe ich durch das Steppengras. Unentwegt peitschen mir störrische Halme ins Gesicht, die Fliegen ärgern mich bis zur Weißglut und die Hitze droht mich auszutrocknen. Ich rufe den Gepardenruf, ein-, zwei-, dreimal. Endlich scheint mich die Gepardenmutter Diana gehört zu haben. Sie wartet. Die Katzenkinder liegen zu Füßen eines Termitenhügels. Sie wundern sich über meine Art sich fortzubewegen. Weiter kümmert sich keiner um mich. Nur Hans steht auf, kommt gurrend näher. Seine rauhe Zunge streicht über meine Stirn, so als wollte er sich für die viele Mühe und Arbeit bedanken, die ich bereits in das Ölgemälde investiert habe. Ich kann den Dankesgruß kaum genießen. Schließlich liege ich schweißgebadet in der Steppe. Erst als ich am Morgen aufwache, bin ich mir sicher, alles war nur ein Traum. Über Nacht war das Fenster offen. Es ist ziemlich kalt geworden.

Die Augen des Geparden

Das Gepardenkind ‚Hans', das die ganze Meute seiner wild ineinander verflochtenen Katzengeschwister anführt, ist noch nicht zufrieden mit sich. Sobald ich vor der Staffelei sitze, scheint mich der Kleine unwillig anzugurren. Recht hat er. Nach gut vier Wochen sollte ich mich auf den neugierigen Tolpatsch konzentrieren. Seine Vorderfüße habe ich am unteren Bildrand angeschnitten. Ich sollte die grazilen, aber kräftigen Gepardenbeine später über den Rahmen weitergestalten. Immerhin war ‚Hans' in meinen Träumen der Mutigste. Also nimmt er die mit Abstand vorderste Position ein.
Ich gestalte in wahllosen Formen kleine Hügel dunkler Farben auf meine Palette. Das Gepardenkind darf ruhig kräftigere Farben bekommen.

„harakarakarak"
Ölgemälde auf Leinwand
A: 120 x 110 cm

▲ *„Stolzer Elefantenteenager“*
Graphitzeichnung
A: 30 x 42 cm

„Komm mir nicht zu nahe“
Graphitzeichnung
A: 42 x 30 cm

► *„Der alte Herr“*
Graphitzeichnung
A: 30 x 42 cm

Die Konzentration nimmt zu. Freier und leichter gleitet der Pinsel, je näher ich an die Augen komme. Schlussendlich höre ich auf, überhaupt nachzudenken. Meine innere Verbindung zu den Geparden übernimmt die Verantwortung für die lasierenden Farbaufträge. Bisweilen schweife ich ab in träumerische Visionen. Ich sehe die Augen der Gepardenkinder, die ächzend und hechelnd neben den spärlichen Beuteresten sitzen: „Helf mir beim Putzen. Mein Gesicht ist blu schmiert. Pah!“ Augenblicke später gestalte ich mit Fingern sorgsam Übergänge, vom Schatten zum Li ganz weich, wie das Licht Afrikas. „Witziger“, denk mir und modelliere die Tiefen der faszinierenden A Mir kommen die Gepardenjungen in den Sinn,

„Begegnung mit Elefanten“
Aquarell
A: 76 x 56 cm

die mit leuchtenden Augen vor mir standen, weil sie mich oder die Gepardenmutter zu Tode erschreckt haben.
Sekundlich steigt das Fieber, zumal ich mich in Phasen des Malens verstricke, die unerklärlich bleiben. Zeitweilig glaube ich, der Gepard beugt sich leibhaftig aus dem Bild. Zwei Schritte gleite ich zurück, ein Sprung nach vorn und wieder huscht das weiche Pinselhaar über die Augenfläche. Gleichwohl weiß ich zu genau, dass erst weitere Farbschichten die Katze tatsächlich zum Leben erwecken.
Einstweilen gebe ich dem Fell Struktur. Meine Hand wischt ab und an über die Leinwand. Ich bemerke das starre Gepardenfell, das die Katze schützt, wenn sie sich auf mit langen Dornen bewehrten Akazienzweigen räkelt. Bin ich zufrieden, blase ich voller Genugtuung über die Augenpartie: „Möge sie so schlicht und ergreifend schneller trocknen."

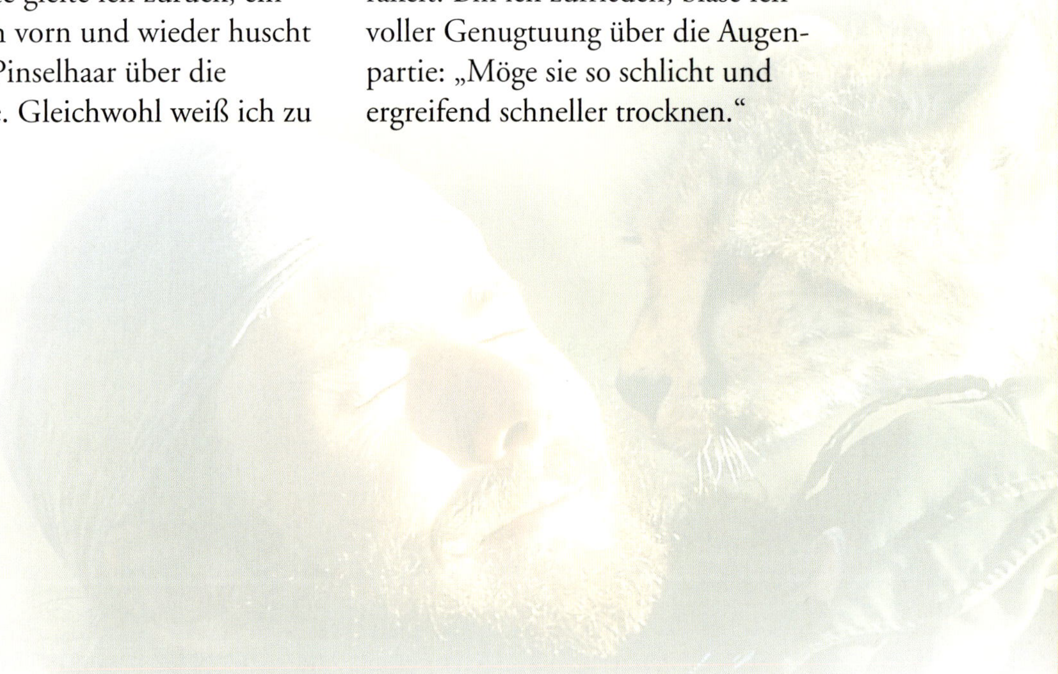

„Katzenwäsche"
Farbzeichnung
A: 42 x 30 cm

„Gepardenträume"
Ölgemälde auf Leinwand
A: 120 x 90 cm

Das Werk ist vollendet

Meine Nerven sind zum Zerreißen gespannt. Die Erwartungshaltung um mich herum ist gestiegen. „Was ist jetzt!?“ fragt mich Hans in meinen tiefsten Träumen des öfteren. Zuweilen bekommt er Verstärkung von der ganzen Gepardenfamilie. Es gibt eigentlich keinen vernünftigen Grund, das Kunstwerk nicht für fertig zu erklären. Meine Frau will schon gar nichts mehr davon wissen. Jedenfalls steht schon seit Tagen die Flasche Champus im Kühlschrank. Hoffentlich erkältet sie sich nicht. Ich schreibe über meine jüngsten Erlebnisse mit der Gepardentochter ‚Dione‘ und ihren Kindern ‚Bonnie‘ und ‚Clyde‘, zeichne, telefoniere, verfasse schließlich eine Reportage, zeichne dann doch lieber, um zuallerletzt in die Galerie zu spurten. Dort reaktiviere ich zwischenzeitlich halb vertrocknete Pinsel, damit ich eher schlecht als recht noch den berühmt berüchtigten letzten Schliff anbringe. Ich bin mir nicht sicher, ob ich heulen oder jauchzen soll. Ich weiß nicht weiter. ‚Hans‘ ist kurz davor, aus dem Gemälde zu springen, so greifbar ist die gefleckte Katze. In meiner Verzweiflung verziere ich das Werk mit meiner Signatur. „Yeah!“ Schweißgebadet sinke ich auf einen Stuhl. Reglos starre ich auf das vollendete Kunstwerk und warte, dass etwas passiert. Meine Augen spielen mit den intensiv blauen Tiefen, die sich an den Übergängen zu dem warmbraunen Fell der Geparden zu türkisen Tönen vermischen. Ein Lichtspiel im Land der Geparden. Träume und Erlebnisse haben sich zu einem Kunstwerk zusammen gefügt. Das Bild lebt. Es ist ein Fenster, das mir Zugang zu den Geparden verschafft. Ich kann mich in dem Werk verlieren. Liege genussvoll in der Steppe, lasse mich von witzigen und neugierigen Gepardengesichtern von oben herab anschauen. Was gibt es für eine schönere Belohnung für wochenlanges Leben zwischen Traum und Wirklichkeit, für harte Arbeit und tiefgreifende spontane Entscheidungen.„Schau mir in die Augen, Kleiner“, zwinkert mir ‚Hans‘ zu. Genau so soll das Bild heißen.

„Hans“
Ölgemälde auf Leinwand
A: 110 x 100 cm